Impressum
Verlag: BABADADA GmbH, Nedderfeld 112 , 22529 Hamburg
Geschäftsführer / Verlagsleitung: Harald Hof
Druck: Books on Demand GmbH, In de Tarpen 42, 22848 Norderstedt

Imprint
Publisher: BABADADA GmbH, Nedderfeld 112 , 22529 Hamburg, Germany
Managing Director / Publishing direction: Harald Hof
Print: Books on Demand GmbH, In de Tarpen 42, 22848 Norderstedt

de school
shule

het klaslokaal
sajili

delen
kugawanya

186/2

het bord
ubao

het schoolplein
eneo la shule

de leraar
mwalimu

het papier
karatasi

schrijven
kuandika

de pen
kalamu

het bureau
dawati

de lineaal
rula

het boek
kitabu

de leerling
mwanafunzi

de schooltas

mkoba

de etui

kikasha cha penseli

het potlood

penseli

de puntenslijper

kichonga penseli

de gum

mpira

het schetsblok

pedi ya kuchora

de tekening
uchoraji

het penseel
brashi ya rangi

de verfdoos
sanduku la rangi

de schaar
mkasi

de lijm
gundi

het schrift
daftari

het huiswerk
kazi ya nyumbani

het getal
nambari

optellen
jumlisha

aftrekken
ondoa

vermenigvuldigen
zidisha

rekenen
kokotoa

de letter
barua

het alfabet
alfabeti

het woord
neno

de tekst	lezen	het krijt
maandishi	kusoma	chaki
	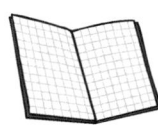	
de les	het klassenboek	het examen
somo	sajili	uchunguzi

het diploma	het schooluniform	de opleiding
cheti	sare za shule	elimu

de encyclopedie	de universiteit	de microscoop
elezo	chuo kikuu	darubini
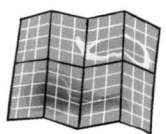		
de kaart	de prullenmand	
ramani	kikapu cha kuweka karatasi chafu	

de reis
usafiri

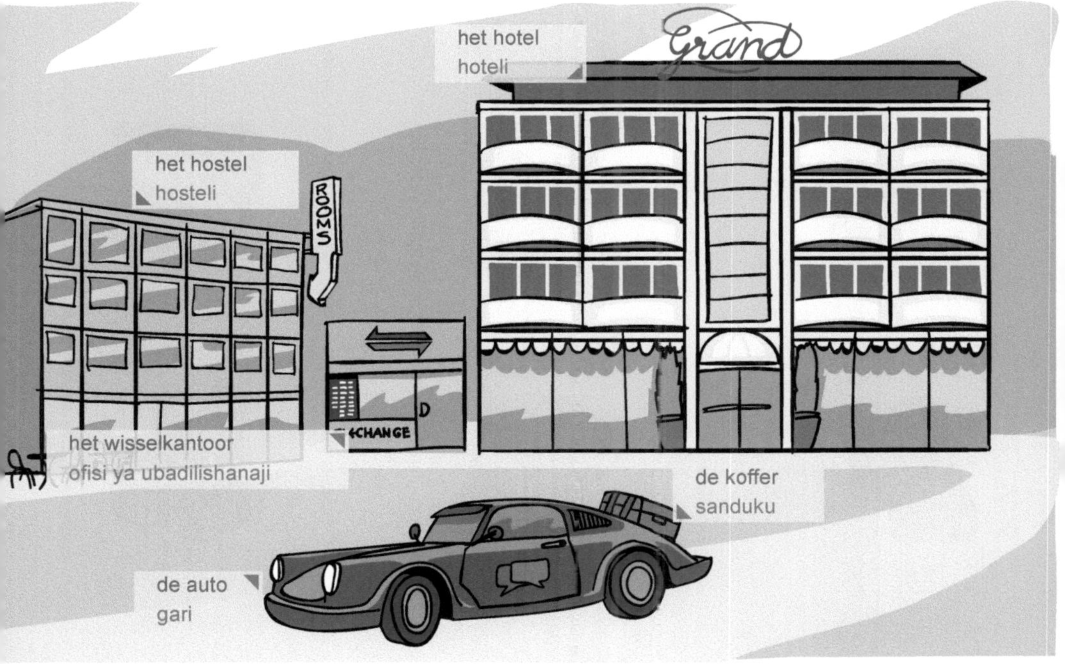

het hotel
hoteli
Grand
het hostel
hosteli
ROOMS
het wisselkantoor
ofisi ya ubadilishanaji
de koffer
sanduku
de auto
gari

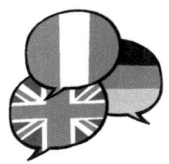

de taal

lugha

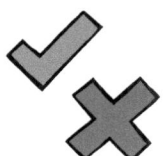

ja / nee

ndiyo / la

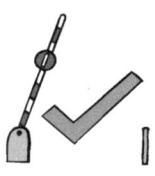

oké

sawa

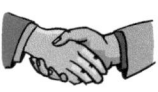

Hallo!

hujambo

de tolk

mtafsiri

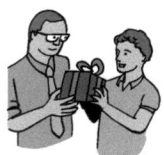

Bedankt.

Asante

Wat kost ...?

kiasi gani ni ...?

Ik begrijp het niet.

Sielewi

het probleem

tatizo

Goedenavond!

Jioni njema!

Goedemorgen!

Habari za asubuhi!

Goedenacht!

Usiku mwema!

Tot ziens!

kwa heri

de richting

mwelekeo

de bagage

mizigo

de tas

mfuko

de rugzak

shanta

de gast

mgeni

de kamer

chumba

de slaapzak

begi la kulalia

de tent

hema

de reis - usafiri

het VVV-kantoor

taarifa ya utalii

het strand

ufuo

de creditkaart

kadi

het ontbijt

kifunguakinywa

de lunch

chakula cha mchana

het diner

chakula cha jioni

het kaartje

tiketi

de lift

kuinua

de postzegel

muhuri

de grens

mpaka

de douane

mila

de ambassade

ubalozi

het visum

visa

het paspoort

pasipoti

het transport
usafiri

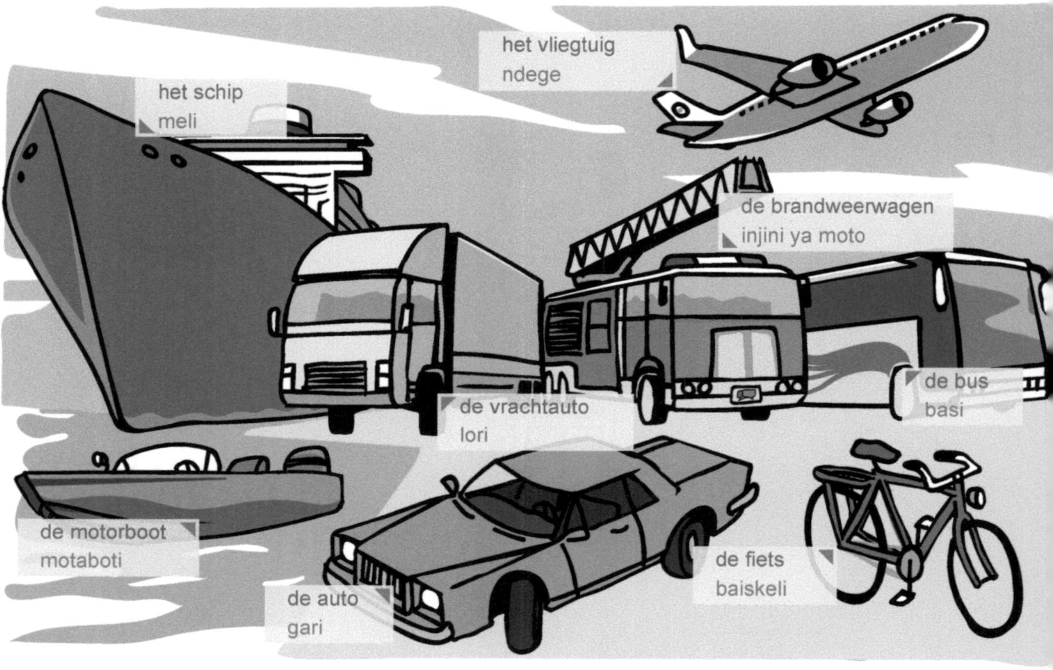
het vliegtuig
ndege
het schip
meli
de brandweerwagen
injini ya moto
de bus
basi
de vrachtauto
lori
de motorboot
motaboti
de fiets
baiskeli
de auto
gari

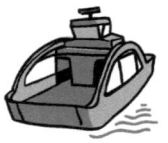

de veerboot

feri

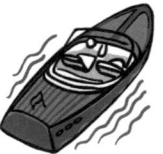

de boot

mashua

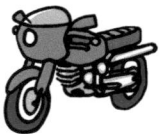

de motorfiets

pikipiki

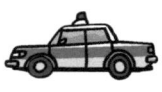

de politiewagen

gari la polisi

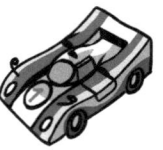

de raceauto

gari la mashindano

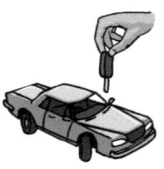

de huurauto

gari la kukodisha

de carsharing

kushiriki gari

de takelwagen

lori la kuvuta

de vuilniswagen

ukusanyaji taka

de motor

motor

de benzine

mafuta

de benzinepomp

kituo cha mafuta

het verkeersbord

ishara trafiki

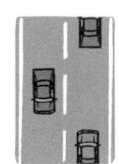

het verkeer

trafiki

de file

msongamano

de parkeerplaats

maegesho

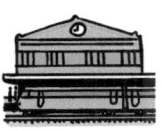

het station

kituo cha treni

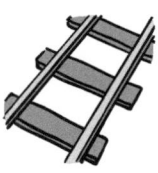

de rails

reli

de trein

garimoshi

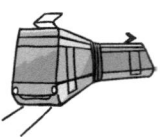

de tram

tremu

de wagon

gari la mizigo

de helikopter

helikopta

de luchthaven

uwanja wa ndege

de toren

mnara

de passagier

abiria

de container

chombo

de verhuisdoos

katoni

de kar

mkokoteni

de mand

kikapu

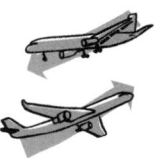

opstijgen / landen

ondoka

de stad

jiji

het dorp

kijiji

het stadscentrum

katikati ya jiji

het huis

nyumba

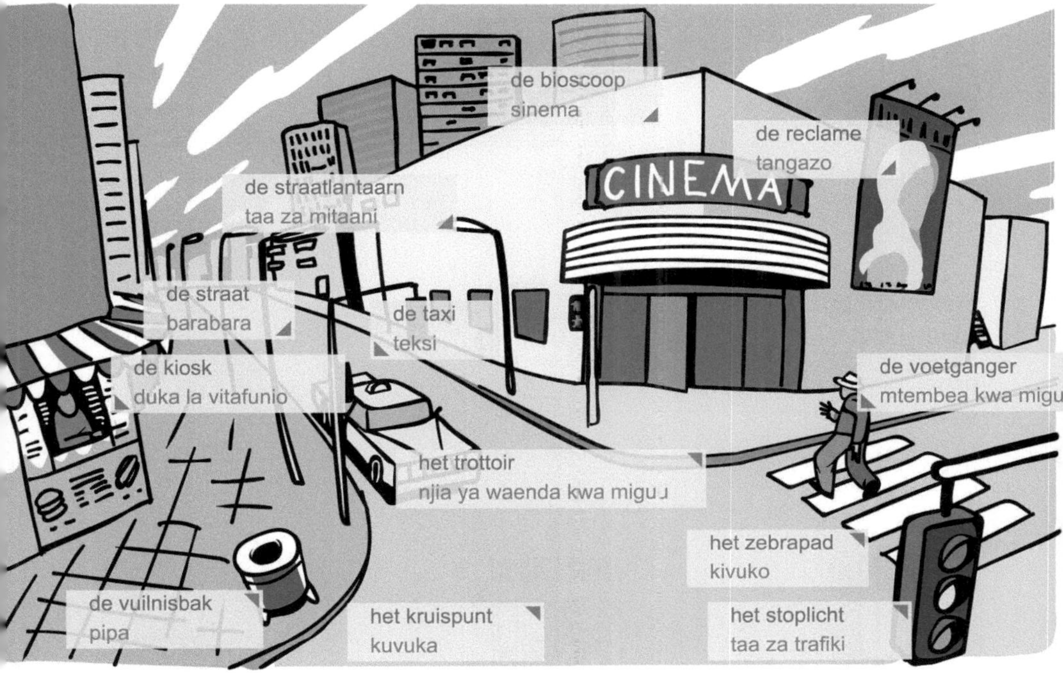
de bioscoop
sinema
de reclame
tangazo
CINEMA
de straatlantaarn
taa za mitaani
de straat
barabara
de taxi
teksi
de kiosk
duka la vitafunio
de voetganger
mtembea kwa migu
het trottoir
njia ya waenda kwa miguu
het zebrapad
kivuko
de vuilnisbak
pipa
het kruispunt
kuvuka
het stoplicht
taa za trafiki

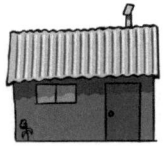

de hut

kibanda

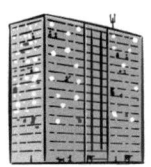

het appartement

gorofa

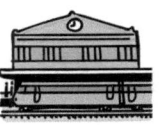

het station

kituo cha treni

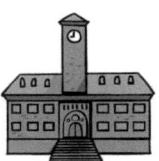

het stadhuis

ukumbi wa mji

MUSEUM

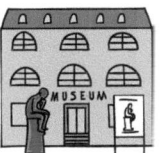

het museum

Makavazi

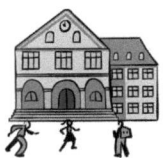

de school

shule

de universiteit

chuo kikuu

de bank

benki

het ziekenhuis

hospitali

het hotel

hoteli

de apotheek

duka la dawa

het kantoor

ofisi

de boekenwinkel

duka la kitabu

de winkel

duka

de bloemenwinkel

duka la maua

de supermarkt

dukakuu

de markt

soko

het warenhuis

idara ya kuhifadhi

de visboer

mwuza samaki

het winkelcentrum

kituo cha ununuzi

de haven

bandari

het park

Hifadhi

de bank

benki

de brug

daraja

de trap

vidato

de metro

chini ya ardhi

de tunnel

handaki

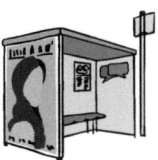

de bushalte

kituo cha mabasi

de bar

bar

het restaurant

mgahawa

de brievenbus

sanduku la posta

het straatnaambord

ishara ya barabara

de parkeermeter

mita ya maegesho

de dierentuin

bustani ya wanyama

het zwembad

kidimbwi cha kuogelea

de moskee

msikiti

de boerderij

shamba

de vervuiling

uchafuzi

de begraafplaats

makaburini

de kerk

kanisa

de speelplaats

uwanja wa michezo

de tempel

hekalu

het landschap
mazingira

het blad
jani

de wegwijzer
ishara ya mwelekeo

de weg
njia

de weide
malisho

de steen
jiwe

de wandelaar
mtembeaji wa masafa

de boom
mti

de rivier
mto

het gras
nyasi

de bloem
ua

de vallei
bonde

de berg
kilima

het meer
ziwa

het bos
msitu

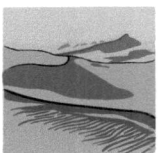

de woestijn
jangwa

de vulkaan
volkano

het kasteel
ngome

de regenboog
upinde wa mvua

de paddenstoel
uyoga

de palmboom
mtende

de mug
mbu

de vlieg
kuruka

de mier
chungu

de bij
nyuki

de spin
buibui

de kever

mende

de kikker

chura

de eekhoorn

kuchakuro

de egel

nungunungu

de haas

sungura

de uil

bundi

de vogel

ndege

de zwaan

swan

het wild zwijn

nguruwe mwitu

het hert

kulungu

de eland

aina ya kongoni

de stuwdam

bwawa

de windmolen

tabo ya upepo

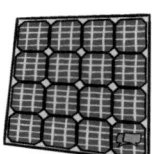

het zonnepaneel

nishaji ya jua

het klimaat

hali ya hewa

het restaurant
mgahawa

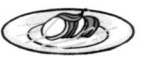

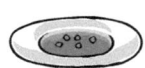

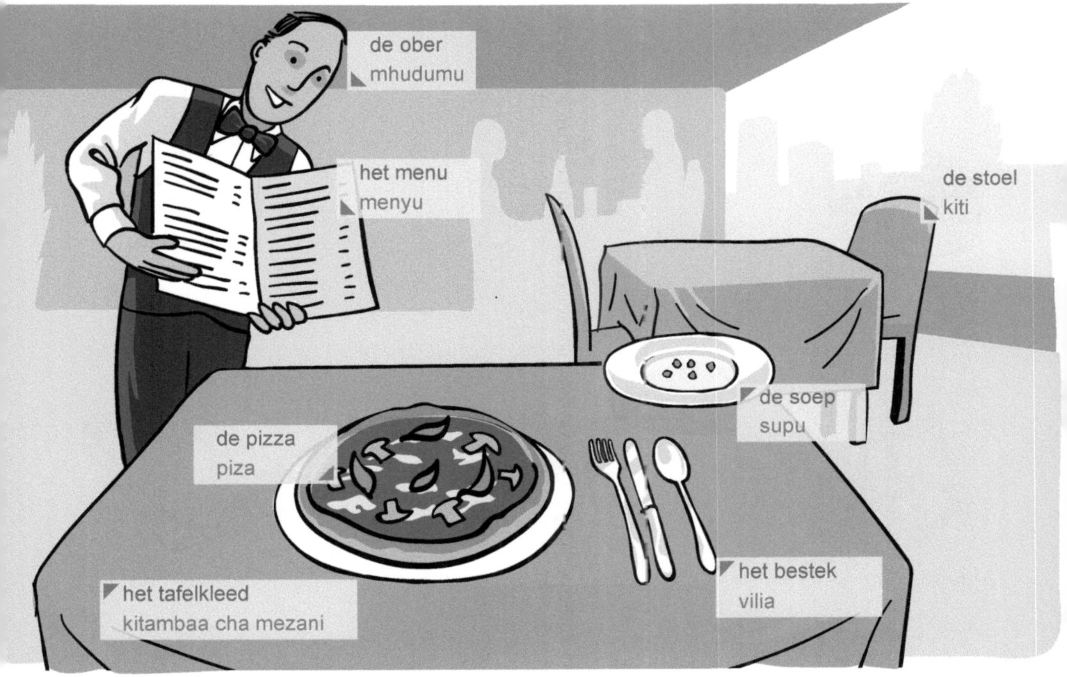
de ober
mhudumu
het menu
menyu
de stoel
kiti
de soep
supu
de pizza
piza
het bestek
vilia
het tafelkleed
kitambaa cha mezani

het voorgerecht

kiamsha hamu

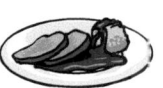

het hoofdgerecht

kozi kuu

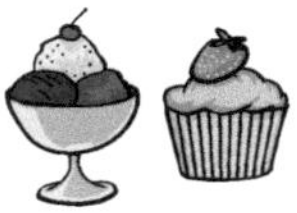

het toetje

kitindamlo

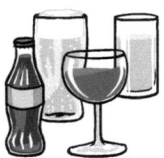

de dranken

vinywaji

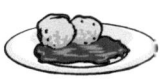

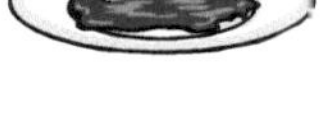

het eten

chakula

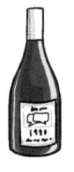

de fles

chupa

de/het fastfood

chakula cha haraka

het eetkraampje

Streetfood

de theepot

buli

de suikerpot

kisanduku cha sukari

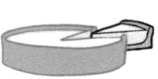

de portie

sehemu

de espressomachine

mashine ya espresso

de kinderstoel

kiti kirefu

de rekening

muswada

het dienblad

trei

het mes

kisu

de vork

uma

de lepel

kijiko

de theelepel

kijiko cha chai

het servet

nepi

het glas

glasi

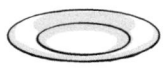

het bord

sahani

het soepbord

sahani ya supu

de schotel

sufuria

de saus

mchuzi

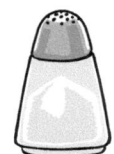

het zoutvaatje

kichanyaji chumvi

de pepermolen

kinu cha pilipili

de azijn

siki

de olie

mafuta

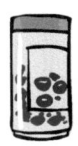

de kruiden

viungo

de ketchup

kechapu

de mosterd

haradali

de mayonaise

kachumbari nzito

de supermarkt
dukakuu

de aanbieding
ofa maalum
FOR
de klant
mteja
de zuivelproducten
maziwa
het fruit
matunda
de winkelwagen
toroli

BUTCHERS

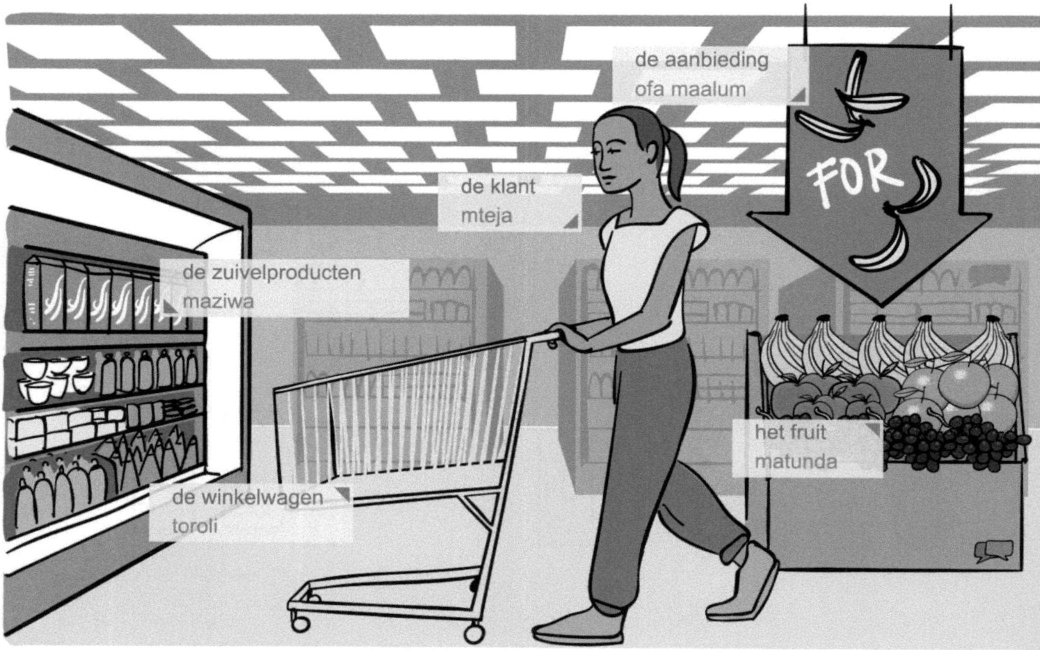

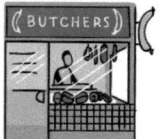

de slager

mchinjaji

BAKERY

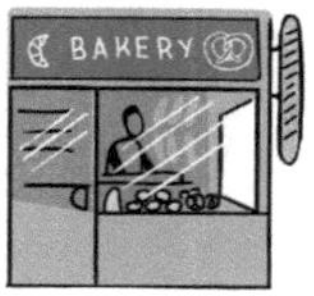

de bakkerij

mwokaji

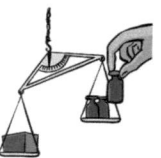

wegen

uzito

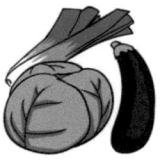

de groente

mboga

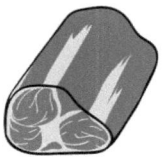

het vlees

nyama

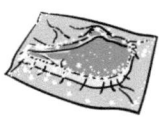

de diepvriesproducten

chakula waliohifadhiwa

de vleeswaren

vipande vya nyama baridi

de conserven

chakula cha kopo

het wasmiddel

sabuni ya unga

het snoepgoed

pipi

de huishoudelijke art kelen

bidhaa za kaya

het schoonmaakmiddel

bidhaa za kusafisha

de verkoopster

mtu mauzo

de kassa

mpaka

de kassier

keshia

het boodschappenlijstje

orodha ya manunuzi

de openingstijden

masaa ya ufunguzi

de portefeuille

mkoba

de creditkaart

kadi

de tas

mfuko

de plastic zak

mfuko wa plastiki

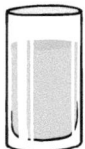

het water

maji

het sap

sharubati

de melk

maziwa

de cola

coke

de wijn

mvinyo

het bier

bia

de alcohol

pombe

de chocolademelk

kakao

de thee

chai

de koffie

kahawa

de espresso

spreso

de cappuccino

kapuchino

de banaan

ndizi

de appel

tufaha

de sinaasappel

machungwa

de watermeloen

tikiti

de citroen

lemon

de wortel

karoti

de knoflook

kitunguu saumu

de bamboe

mianzi

de ui

kitunguu

de paddenstoel

uyoga

de noten

karanga

de pasta

nudo

de spaghetti

spageti

de rijst

mpunga

de salade

saladi

de friet

vibanzi

de gebakken aardappelen

viazi vya kukaanga

de pizza

piza

de hamburger

hambaga

de sandwich

sandwichi

de schnitzel

kipande

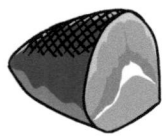

de ham

paja la mnyama

de salami

salami

de worst

soseji

de kip

kuku

het gebraad

choma

de vis

samaki

de havermout

oats ya uji

de muesli

muesli

de cornflakes

cornflakes

het meel

unga

de croissant

kroisanti

de broodjes

andazi

het brood

mkate

de toast

mkate wa kubanika

de koekjes

biskuti

de boter

siagi

de kwark

maziwa mgandc

de taart

keki

het ei

yai

het gebakken ei

yai kukaanga

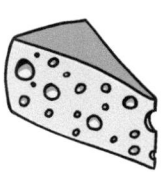

de kaas

jibini

het ijs

aiskrimu

de suiker

sukari

de honing

asali

de jam

jemu

de chocoladepasta

kuenea kwa chokoleti

de kerrie

mchuzi wa viungo

de boerderij
shamba

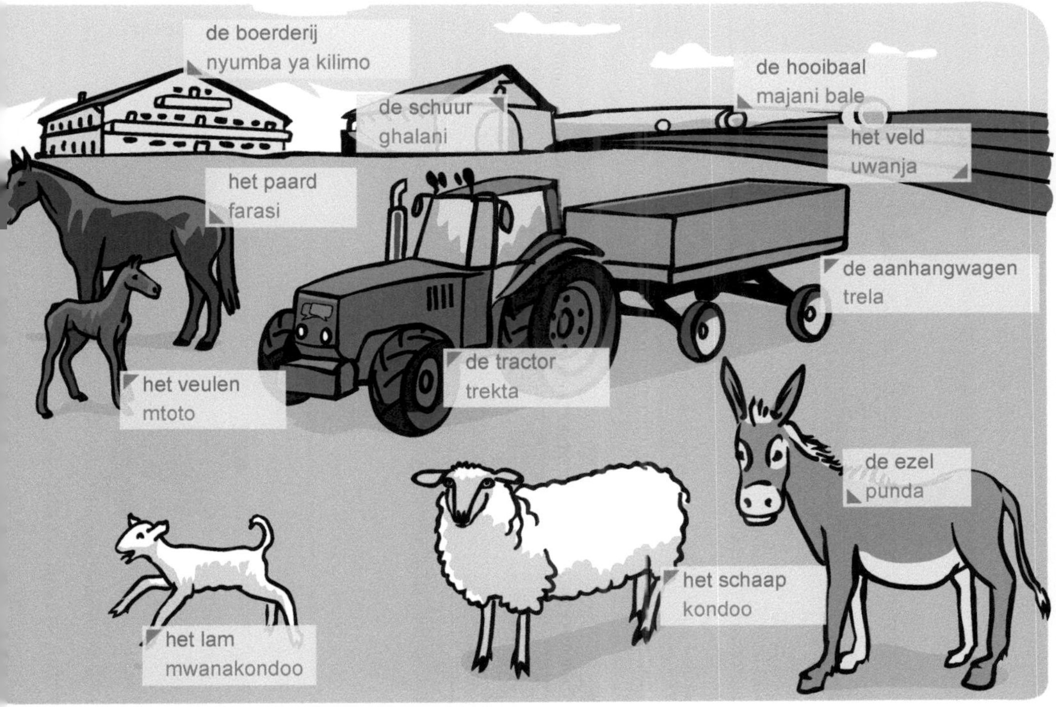

de boerderij
nyumba ya kilimo
de hooibaal
majani bale
de schuur
ghalani
het veld
uwanja
het paard
farasi
de aanhangwagen
trela
de tractor
trekta
het veulen
mtoto
de ezel
punda
het schaap
kondoo
het lam
mwanakondoo

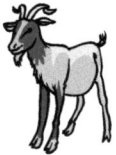

de geit

mbuzi

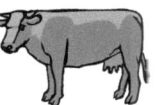

de koe

ng'ombe

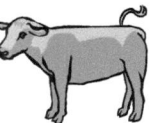

het kalf

ndama

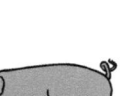

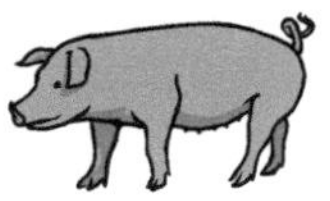

het varken

nguruwe

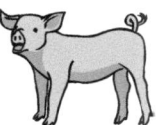

de big

mwananguruwe

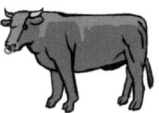

de stier

fahali

de gans

batabukini

de eend

bata

het kuiken

kifaranga

de kip

kuku

de haan

jogoo

de rat

panya

de kat

paka

de muis

panya

de os

ng'ombe

de hond

mbwa

het hondenhok

nyumba ya mbwa

de tuinslang

bomba la bustani

de gieter

debe la kumwagilia maji

de zeis

fyekeo

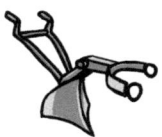

de ploeg

kulima

de sikkel

mundu

de schoffel

jembe

de hooivork

uma wa nyasi

de bijl

shoka

de kruiwagen

toroli

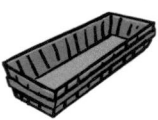

de trog

kupitia nyimbo

de melkbus

chombo cha maziwa

de zak

gunia

het hek

ua

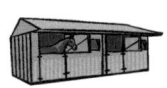

de stal

imara

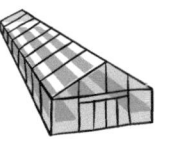

de broeikas

chafu

de grond

udongo

het zaad

mbegu

de mest

mbolea

de maaidorser

kivunaji

oogsten

mavuno

de oogst

mavuno

de yam

viazi vikuu

de tarwe

ngano

de soja

soya

de aardappel

viazi

de maïs

mahindi

het koolzaad

rapa

de fruitboom

mti wa matunda

de maniok

muhogo

de granen

nafaka

het huis
nyumba

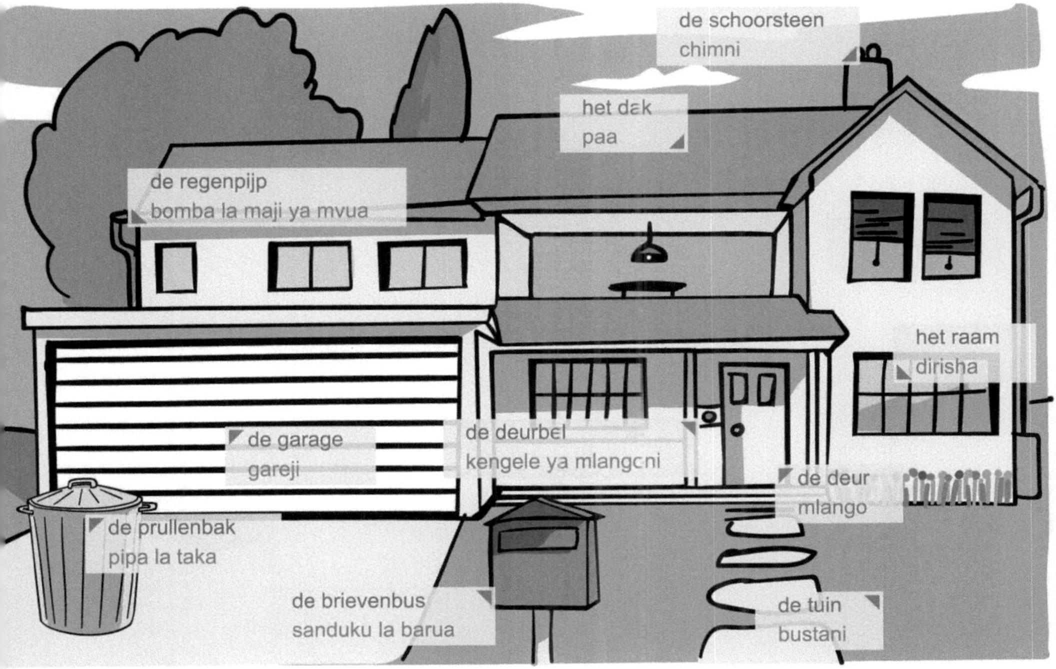
de schoorsteen
chimni
het dak
paa
de regenpijp
bomba la maji ya mvua
het raam
dirisha
de garage
gareji
de deurbel
kengele ya mlangoni
de deur
mlango
de prullenbak
pipa la taka
de brievenbus
sanduku la barua
de tuin
bustani

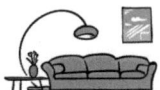

de woonkamer

sebuleni

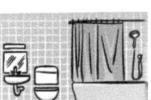

de badkamer

bafu

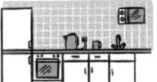

de keuken

jikoni

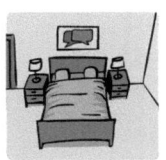

de slaapkamer

chumba cha kulala

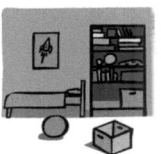

de kinderkamer

chumba ya mtoto

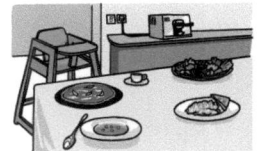

de eetkamer

chumba cha kulia

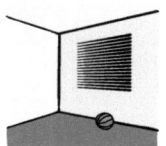

de vloer

sakafu

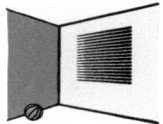

de muur

ukuta

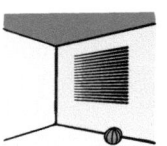

het plafond

dari

de kelder

pishi

de sauna

sauna

het balkon

roshani

het terras

mtaro

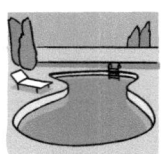

het zwembad

kidimbwi

de grasmaaier

mashine ya kukata nyasi

het laken

karatasi

de bedsprei

kitambaa cha kupamba
kitanda

het bed

kitanda

de bezem

ufagio

de emmer

ndoo

de schakelaar

kubadili

de woonkamer
sebuleni

het behang
mandhari
de foto
picha
de lamp
taa
de plank
rafu
de kast
kabati
de televisie
televisheni/runinga
de open haard
mekoni
de bloem
ua
het kussen
mto
het bankstel
sofa
de vaas
chombo cha maua
de afstandsbediening
kitenzambali

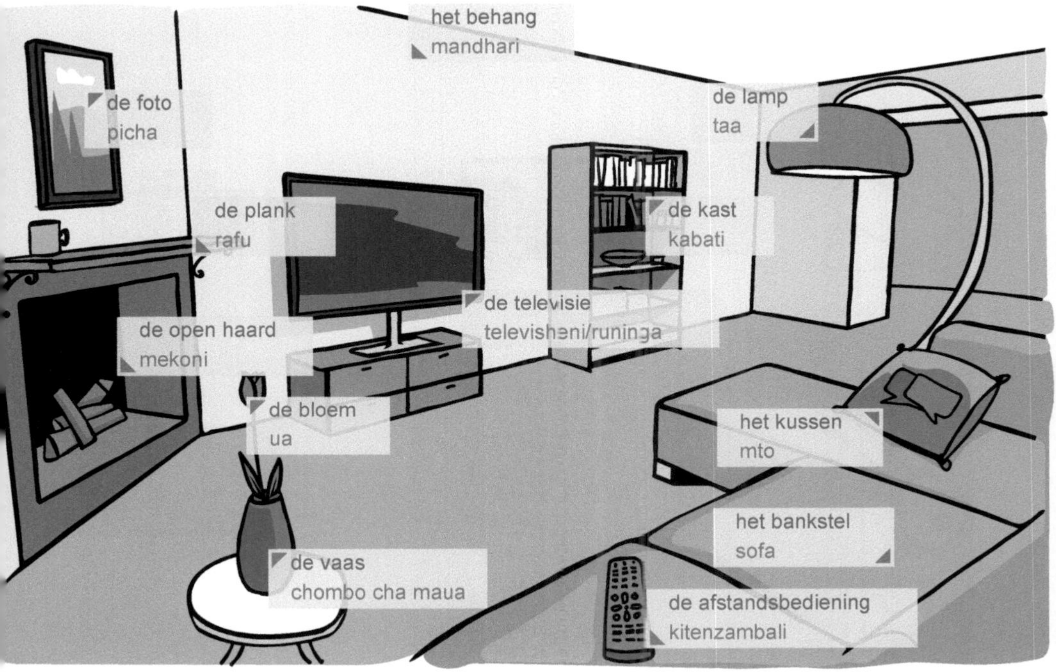

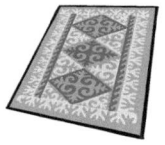

het tapijt
zulia

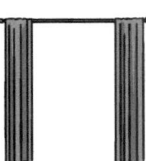

het gordijn
pazia

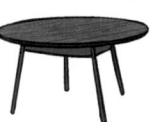

de tafel
meza

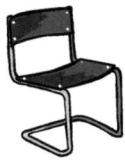

de stoel
kiti

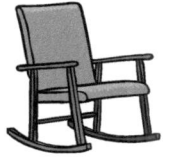

de schommelstoel
kiti cha bembea

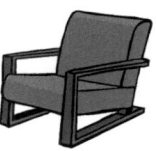

de stoel
armchair

het boek

kitabu

de deken

blanketi

de decoratie

mapambo

het brandhout

kuni

de film

filamu

de stereo-installatie

kifaa cha hi-fi

de sleutel

ufunguo

de krant

gazeti

het schilderij

uchoraji

de poster

bango

de radio

redio

het kladblok

daftari

de stofzuiger

kifyonza

de cactus

dungusi kakati

de kaars

mshumaa

de keuken
jikoni

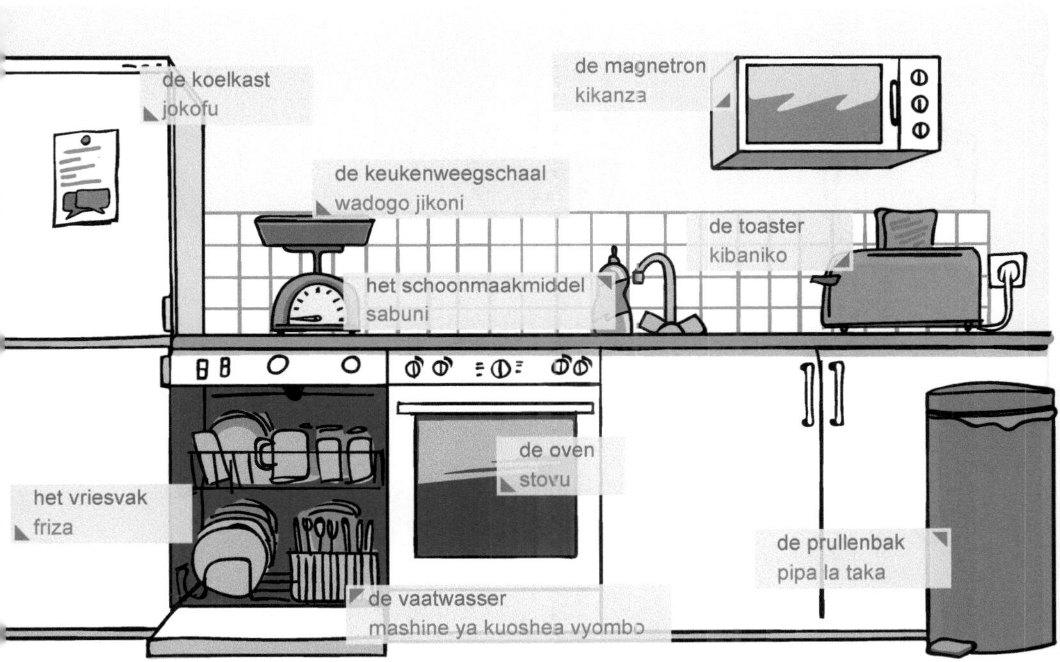
de koelkast
jokofu
de magnetron
kikanza
de keukenweegschaal
wadogo jikoni
de toaster
kibaniko
het schoonmaakmiddel
sabuni
de oven
stovu
het vriesvak
friza
de prullenbak
pipa la taka
de vaatwasser
mashine ya kuoshea vyombo

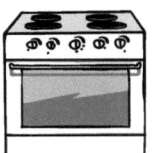

het fornuis

jiko la kupika

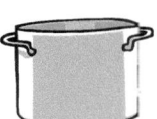

de pan

chungu

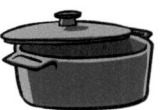

de gietijzeren pan

sufuria ya chuma

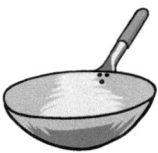

de wok / kadai

wok / kadai

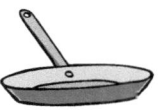

de koekenpan

kaango

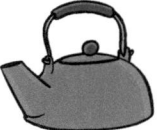

de ketel

birika

de stoomkoker
stima

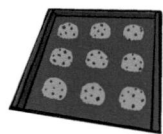

de bakplaat
sinia ya kuoka

het servies
vyombo vya udongo

de beker
kombe

de kom
bakuli

de eetstokjes
vijiti vya kulia

de soeplepel
ukawa

de spatel
mwiko mpana

de garde
burashi

het vergiet
kichujio

de zeef
chujio

de rasp
mbuzi

de vijzel
chokaa

de barbecue
barbeque

de vuurhaard
moto wazi

de keuken - jikoni

de snijplank

ubao wa majaribio

de deegroller

kijiti cha kusukuma unga

de kurkentrekker

kizibuo

het blik

kopo

de blikopener

inaweza kopo

de pannenlap

kishikio cha chungu

de wasbak

karo

de borstel

brashi

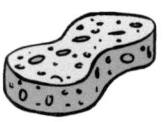

de spons

sifongo

de blender

kisagaji matunda

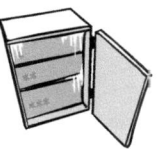

de vriezer

friji ya kina

het babyflesje

chupa ya mtoto

de kraan

bomba

de badkamer

bafu

de verwarming
joto
de douche
mfereji wa kuogea
de handdoek
taulo
het douchegordijn
pazia la kuogea
het bubbelbad
maji ya kuoga yenye povu
het bad
hodhi
het glas
glasi
de wasmachine
mashine ya kuosha
de kraan
bomba
de tegels
vigae
het potje
poti
de wasbak
karo

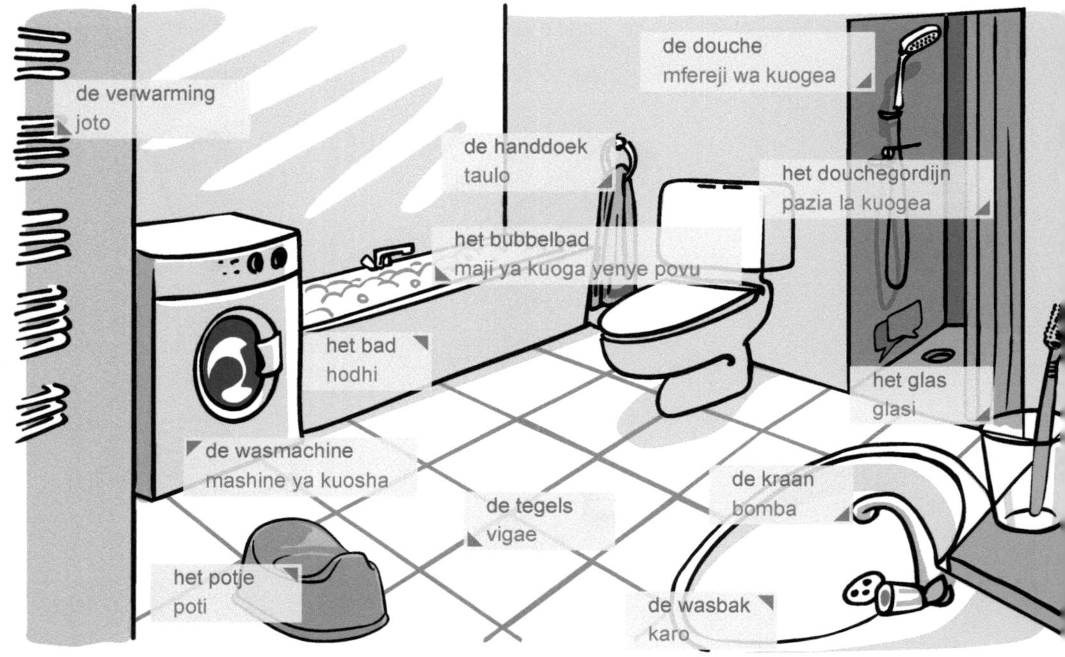

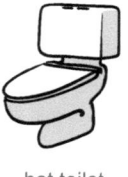

het toilet

choo

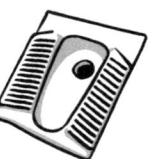

het hurktoilet

choo cha squat

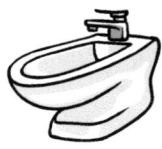

de/het bidet

beseni la mviringo

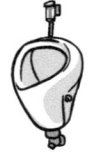

het urinoir

choo cha umma

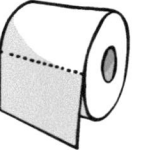

het toiletpapier

shashi

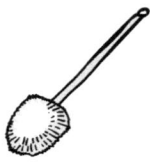

de toiletborstel

brashi ya choo

de tandenborstel
mswaki

de tandpasta
dawa ya menc

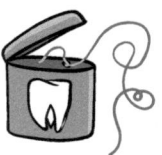

het flosdraad
dawa ya meno

wassen
safisha

de handdouche
kuoga mkono

de toiletdouche
msukumo wa maji

de waskom
bonde

de rugborstel
mpako wa pili

de zeep
sabuni

de douchegel
jeli ya kuogea

de shampoo
shampuu

het washandje
flana

de afvoer
toa maji

de creme
krimu

de deodorant
kiondoa harufu

de spiegel
kioo

de make-upspiegel
kioo mkono

het scheermes
kinyozi

het scheerschuim
povu la kunyoa

de aftershave
baada ya kunyoa

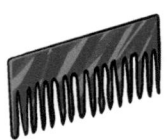

de kam
kichana

de borstel
brashi

de haardroger
kikausha nywele

de haarspray
marashi ya nyewele

de make-up
vipodozi

de lippenstift
kidomwa

de nagellak
varnish ya msumari

de watten
pamba

het nagelschaartje
mkasi wa kucha

de/het parfum
manukato

de toilettas

mkoba wa kuosha

de kruk

kinyesi

de weegschaal

mizani

de badjas

nguo ya kuoga

de rubber handschoenen

glavu za mpira

de tampon

kisodo

het maandverband

sodo

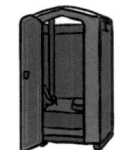

het chemisch toilet

kemikali choo

de kinderkamer

chumba ya mtoto

de wekker
saa ya kengele
het knuffeldier
kidoli cha kupakata
de speelgoedauto
gari bandia
de rammelaar
kelele
het poppenhuis
chumba cha midoli
het cadeau
sasa

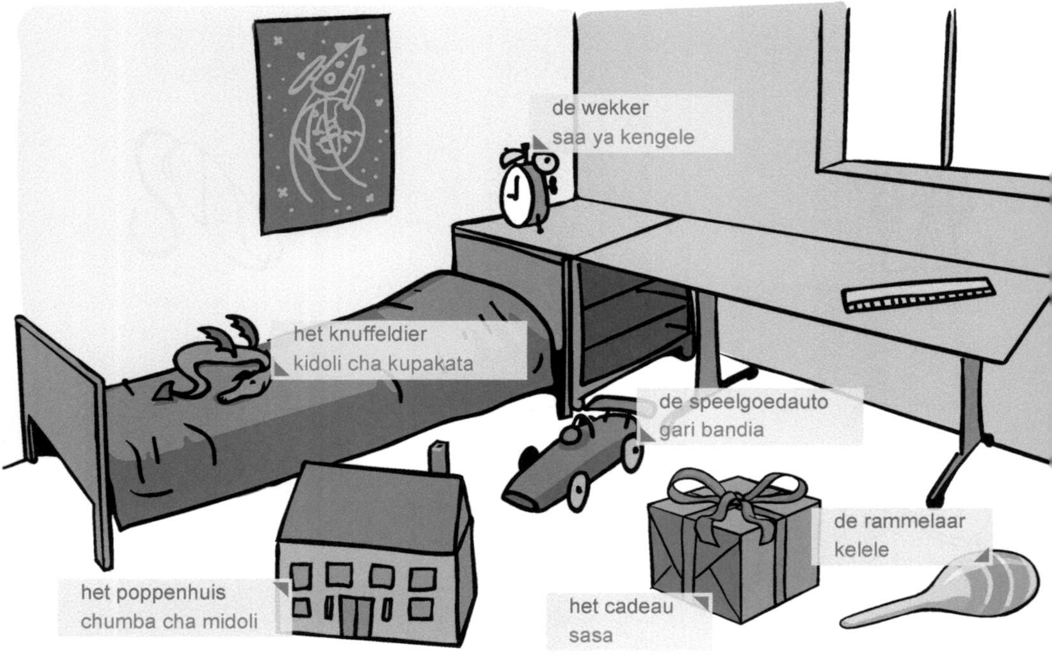

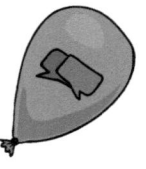

de ballon

baluni

het bed

kitanda

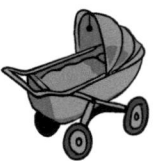

de kinderwagen

mashua

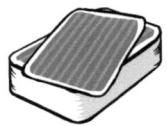

het kaartspel

staha ya kadi

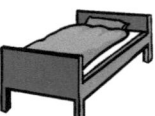

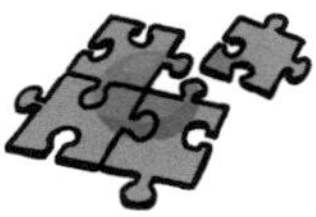

de puzzel

mchezo-fumb

SUPER MEGA

het stripverhaal

vichekesho

de legostenen

matofali lego

de speelgoedblokken

vitalu mwigo

het actiefiguurtje

hatua takwimu

de romper

suti ya kulalia

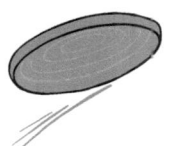

de frisbee

kisahani

de/het mobile

simu

het bordspel

ubao wa michezo

de dobbelsteen

kete

de modeltrein

garimoshi mwigo

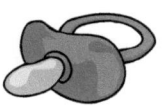

de speen

dummy

het feestje

chama

het prentenboek

picha kitabu

de bal

mpira

de pop

kikaragosi

spelen

kucheza

de zandbak

shimo la mchanga

de schommel

bembea

het speelgoed

vitu bandia

de spelcomputer

kiweko cha video ya
mchezo

de driewieler

baiskeli ya magurudumu

de teddybeer

mwanasesere

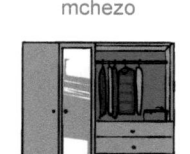

de kleerkast

kabati

matatu

de kleding

nguo

de sokken

soksi

de kousen

stokingi

de panty

kibano

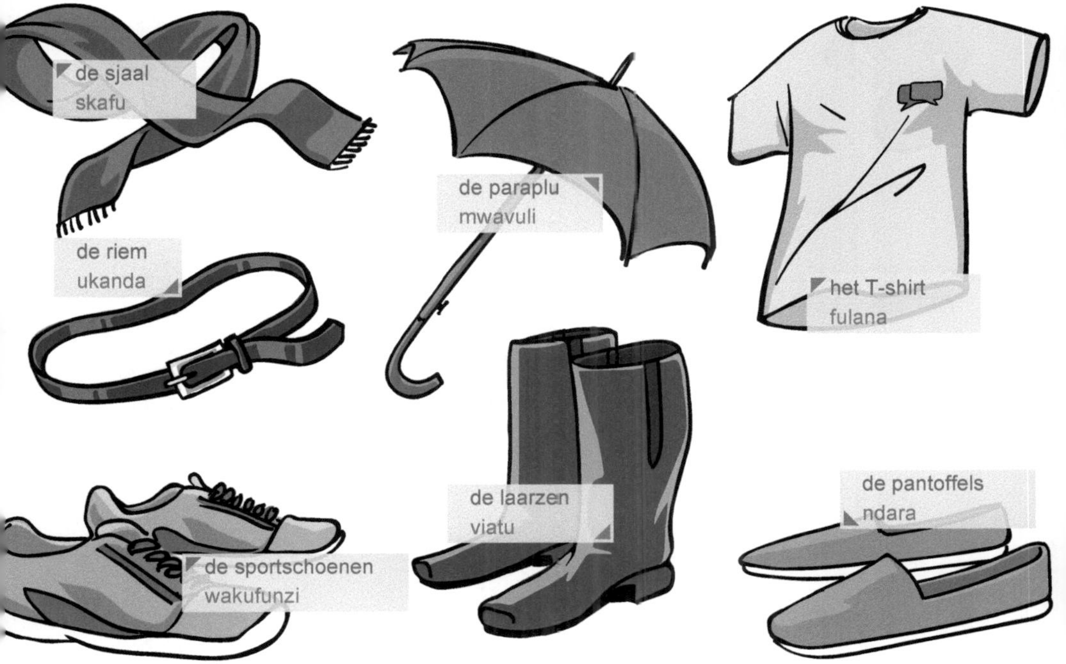

de sjaal
skafu

de paraplu
mwavuli

het T-shirt
fulana

de riem
ukanda

de laarzen
viatu

de pantoffels
ndara

de sportschoenen
wakufunzi

de sandalen
....
malapa

de schoenen
....
viatu

de rubberlaarzen
....
mabuti ya mpira

de onderbroek
....
suruali ya ndani

de beha
....
sidiria

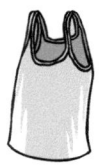

het onderhemd
....
fulana

de body
mwili

de broek
suruali

de spijkerbroek
dangirizi

de rok
sketi

de blouse
blauzi

het overhemd
shati

de trui
vuta

de hoody
sweta

de blazer
bleza

de jas
jaketi

de mantel
koti

de regenjas
koti la mvua

het kostuum
maleba

de jurk
gauni

de trouwjurk
mavazi ya harusi

het pak
suti

het nachthemd
vazi la usiku

de pyjama
pajama

de sari
sari

de hoofddoek
skafu

de tulband
kilemba

de boerka
burka

de kaftan
kaftan

de abaja
abaya

het zwempak
vazi la kuogelea

de zwembroek
vazi la kiume la kuogelea

de korte broek
kaptura

het trainingspak
teitei

de/het schort
aproni

de handschoenen
glavu

de knoop

kifungo

de bril

glasi

de armband

bangili

de ketting

mkufu

de ring

pete

de oorbel

herini

de pet

kofia

de kledinghanger

kiango cha koti

de hoed

kofia

de stropdas

tai

de rits

zipu

de helm

kofia

de bretels

kanda za suruali

het schooluniform

sare za shule

het uniform

sare

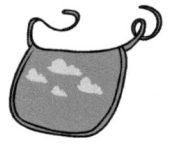

het slabbetje

bibu

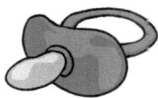

de speen

dummy

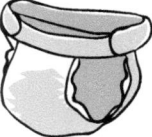

de luier

nepi

het kantoor

ofisi

de server
seva
de archiefkast
kabati la kuweka faili
het papier
karatasi
de printer
kichapishaji
het beeldscherm
kiwambo
het bureau
dawati
de muis
kipanya
de map
folda
het toetsenbord
kibodi
ullenmand
u cha kuweka karatasi chafu
de stoel
kiti
de computer
kompyuta

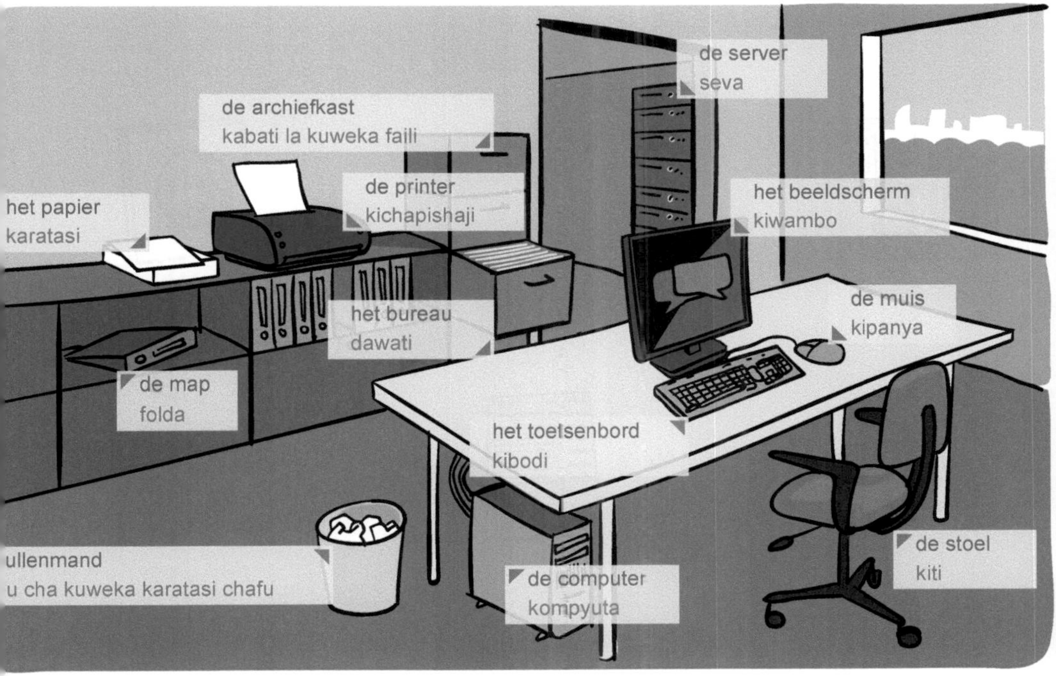

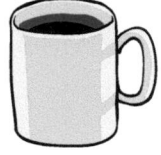

de koffiemok

kmobe la kahawa

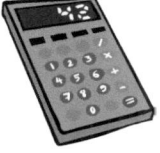

de rekenmachine

kikokotoo

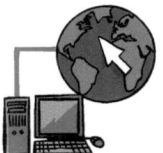

het internet

biashara

de laptop

mbali

de brief

barua

het bericht

ujumbe

de mobiele telefoon

rununu

het netwerk

intaneti

de kopieermachine

fotokopia

de software

programu

de telefoon

simu

het stopcontact

soketi

de fax

kipepesi

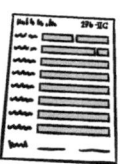

het formulier

fomu

het document

hati

kopen
....
kununua

betalen
....
kulipa

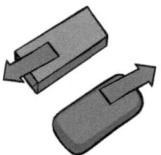

handel drijven
....
biashara

het geld
....
fedha

de dollar
....
dola

de euro
....
yuro

de yen
....
yeni

de roebel
....
rouble

de Zwitserse frank
....
faranga ya Uswisi

de renminbi yuan
....
renminbi yuan

de roepie
....
rupia

de geldautomaat
....
eneo la kulipia

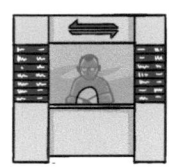

het wisselkantoor

ofisi ya ubadilishanaji

het goud

dhahabu

het zilver

fedha

de olie

mafuta

de energie

nishati

de prijs

bei

het contract

mkataba

de belasting

kodi

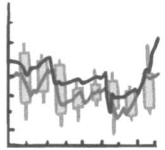

het aandeel

bidhaa

werken

kazi

de werknemer

mfanyakazi

de werkgever

mwajiri

de fabriek

kiwanda

de winkel

duka

de politieagent
afisa wa polisi

de brandweerman
mzima moto

de kok
mpishi

de dokter
daktari

de piloot
rubani

de tuinman

mtunza bustani

de timmerman

seremala

de naaister

mshonaji

de rechter

hakimu

de scheikundige

mwanakemia

de toneelspeler

muigizaji

de buschauffeur

dereva wa basi

de taxichauffeur

dereva wa teksi

de visser

mvuvi

de schoonmaakster

mwanamke wa kusafisha

de dakdekker

mwezekaji

de ober

mhudumu

de jager

mwindaji

de schilder

mchoraji

de bakker

mwokaji

de elektricien

umeme

de bouwvakker

mjenzi

de ingenieur

mhandisi

de slager

mchinjaji

de loodgieter

fundi bomba

de postbode

mwanaposta

de soldaat

mwanajeshi

de architect

msanifu majengo

de kassier

keshia

de bloemist

muuza maua

de kapper

msusi

de conducteur

kondakta

de monteur

mekanika

de kapitein

nahodha

de tandarts

daktari wa meno

de wetenschapper

mwanasayansi

de rabbi

rabbi

de imam

imamu

de monnik

mtawa

de pastoor

kasisi

het gereedschap

zana

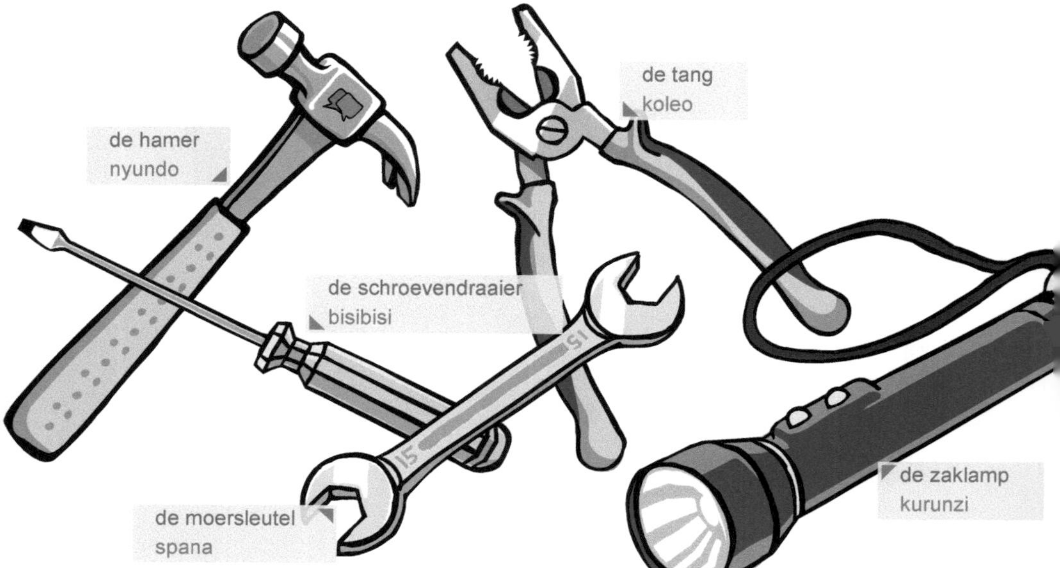
de hamer
nyundo
de tang
koleo
de schroevendraaier
bisibisi
de moersleutel
spana
de zaklamp
kurunzi

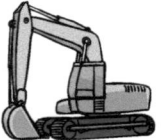

de graafmachine

mchimbaji

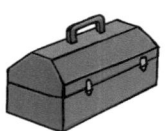

de gereedschapskist

sanduku la vifaa

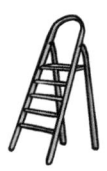

de ladder

ngazi

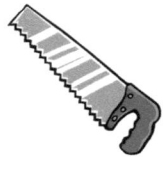

de zaag

msumeno

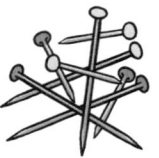

de spijkers

misumari

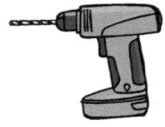

de boor

kuchimba visima

repareren

kukarabati

de schep

sepetu

Verdorie!

Lo!

het stofblik

kishikio cha uchafu

de verfpot

chungu cha rangi

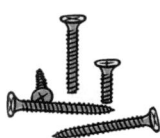

de schroeven

skurubu

de muziekinstrumenten
ala za muziki

de luidspreker
spika

het drumstel
mpangilio wa ngoma

de gitaar
gita

de contrabas
besi mara mbili

de trompet
tarumbeta

de piano

piano

de viool

fidla

de bas

ubeji

de pauk

timpani

de trommel

ngoma

het keyboard

kibodi

de saxofoon

saksafoni

de fluit

filimbi

de microfoon

maikrofoni

de dierentuin
bustani ya wanyama

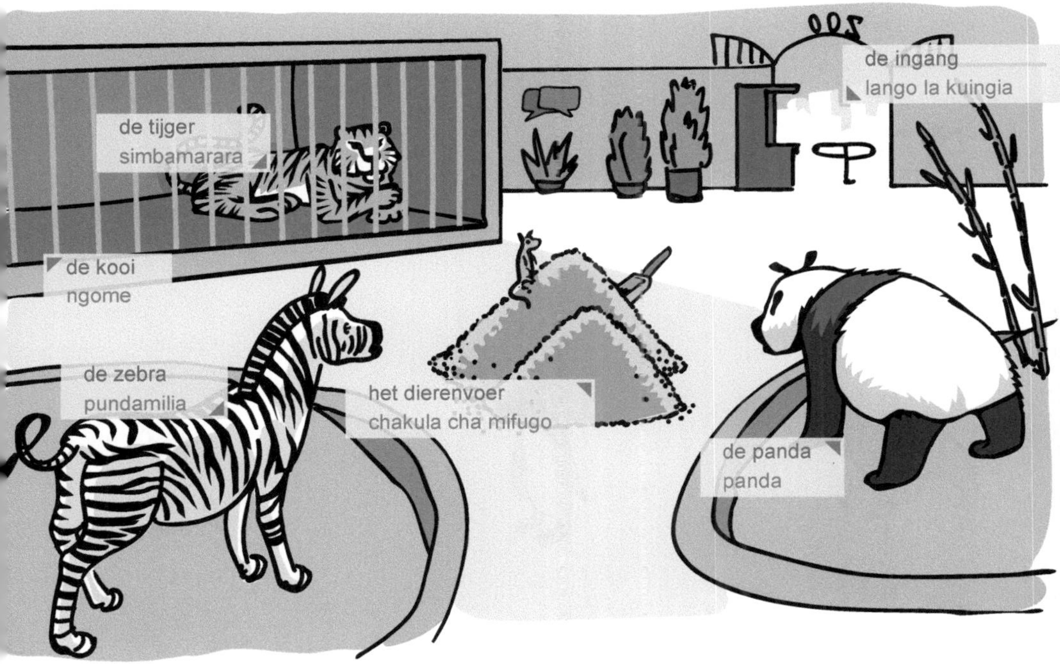

de ingang
lango la kuingia
de tijger
simbamarara
de kooi
ngome
de zebra
pundamilia
het dierenvoer
chakula cha mifugo
de panda
panda

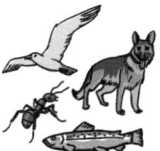

de dieren

wanyama

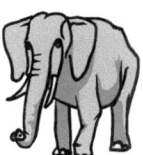

de olifant

tembo

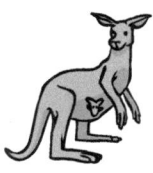

de kangoeroe

kangaruu

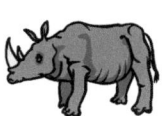

de neushoorn

kifaru

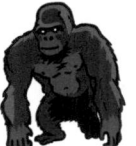

de gorilla

sokwe

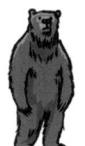

de beer

dubu

de kameel

ngamia

de struisvogel

mbuni

de leeuw

simba

de aap

tumbili

de flamingo

heroe

de papegaai

kasuku

de ijsbeer

dubu

de pinguïn

penguini

de haai

papa

de pauw

tausi

de slang

nyoka

de krokodil

mamba

de dierenverzorger

mtunza wanyama

de zeehond

muhuri

de jaguar

jaguar

de dierentuin - bustani ya wanyama

de pony

mwanafarasi

de/het luipaard

chui

het nijlpaard

kiboko

de giraffe

twiga

de adelaar

tai

het wild zwijn

nguruwe mwitu

de vis

samaki

de schildpad

kobe

de walrus

sili

de vos

mbweha

de gazelle

paa

American football
soka ya marekani

wielrennen
uendeshaji baiskeli

tennis
tenisi

basketbal
mpira wa kikapu

zwemmen
kuogelea

ijshockey
magongo ya barafuni

boksen
ndondi

voetbal
soka

badminton
vinyoya

atletiek
riadha

handbal
mpira wa mikono

skiën
skii

polo
polo

de activiteiten
shughuli

springen
kuruka
knuffelen
kumbatia
lachen
cheka
lopen
kutembea
zingen
kuimba
dromen
ota ndoto
bidden
kuomba
kussen
busu

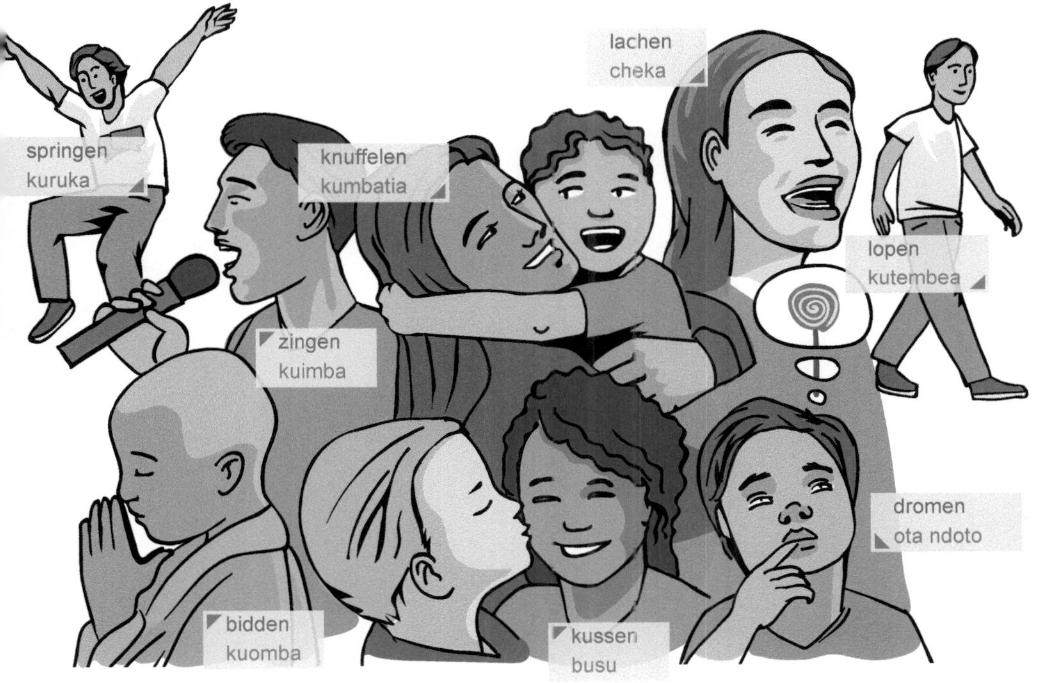

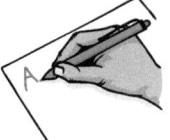

schrijven

kuandika

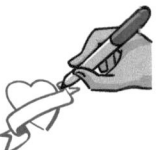

tekenen

kuteka

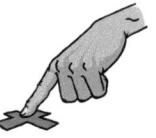

tonen

angalia

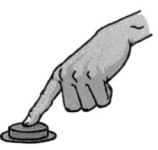

duwen

sukuma

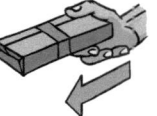

geven

kutoa

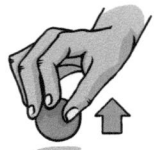

oppakken

kuchukua

hebben
kuwa

doen
fanya

zijn
kuwa

staan
kusimama

rennen
kukimbia

trekken
vuta

gooien
kutupa

vallen
kuanguka

liggen
hadaa

wachten
kusubiri

dragen
kubeba

zitten
kukaa

aankleden
vaa nguo

slapen
usingizi

wakker worden
kuamka

bekijken

kuangalia

huilen

lia

strelen

kiharusi

kammen

chana nywele

praten

ongea

begrijpen

kuelewa

vragen

kuuliza

horen

kusikiliza

drinken

kunywa

eten

kula

opruimen

nadhifisha

houden van

upendo

koken

mpishi

rijden

gari

vliegen

kuruka

zeilen

meli

rekenen

kokotoa

lezen

kusoma

leren

kujifunza

werken

kazi

trouwen

kuoa

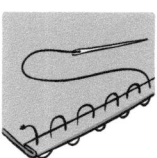

naaien

kushona

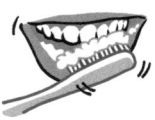

tandenpoetsen

piga mswaki

doden

kuua

roken

moshi

verzenden

kutuma

de familie
familia

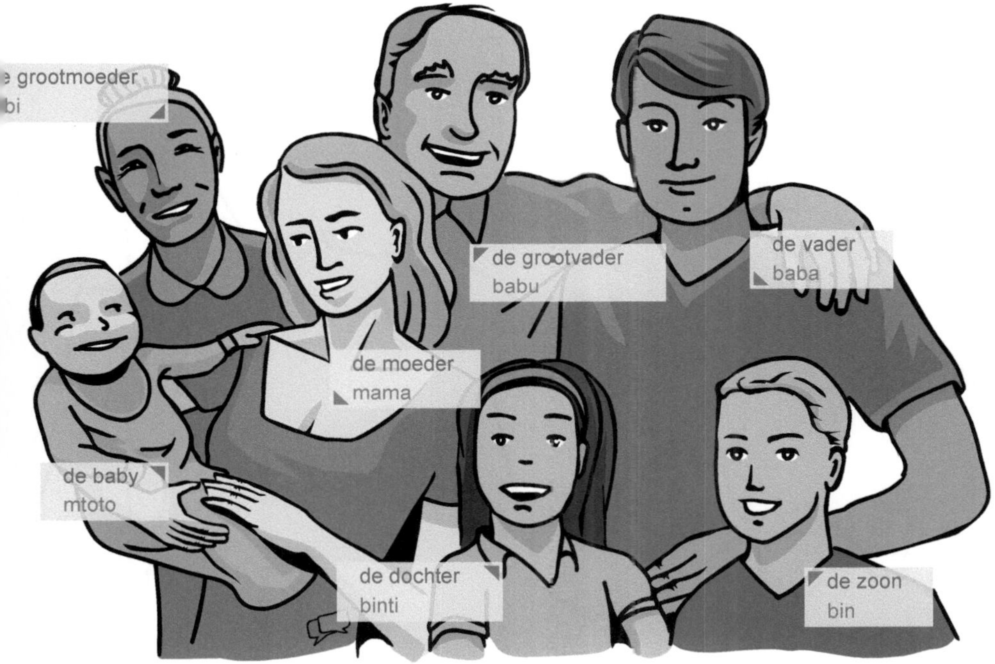
grootmoeder
bi
de grootvader
babu
de vader
baba
de moeder
mama
de baby
mtoto
de dochter
binti
de zoon
bin

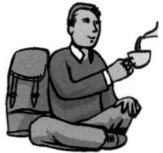

de gast

mgeni

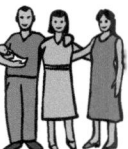

de tante

shangazi

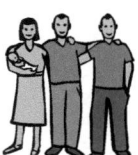

de oom

mjomba

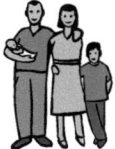

de broer

kaka

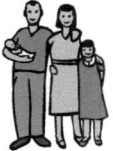

de zus

dada

het lichaam

mwili

het voorhoofd
paji la uso
het oog
jicho
de schouder
bega
de vinger
kidole
het gezicht
uso
de kin
kidevu
de hand
mkono
het been
mguu
de borst
matiti
de arm
mkono

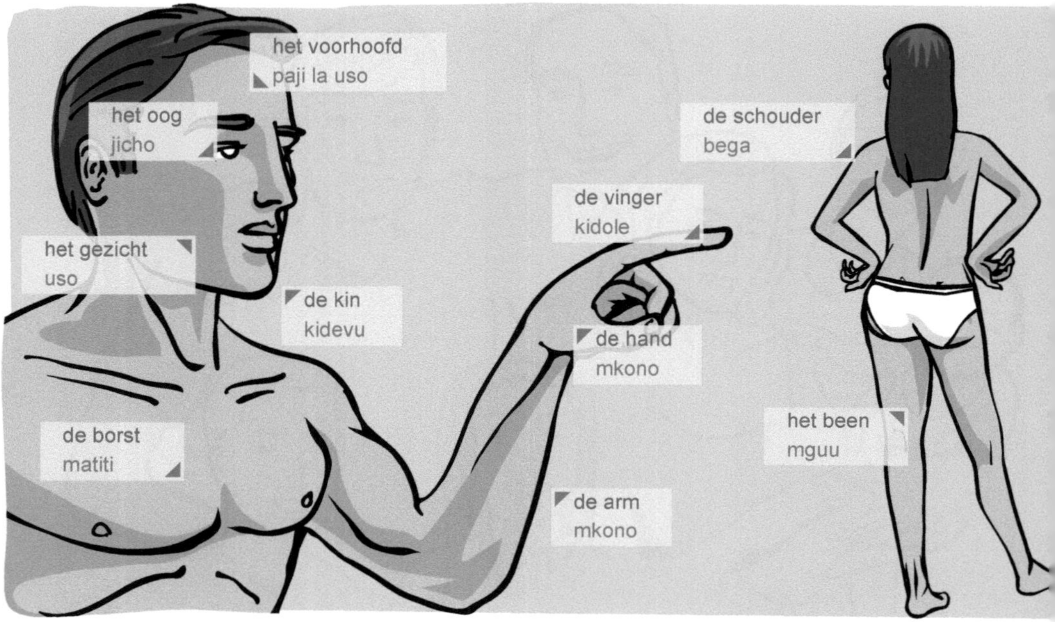

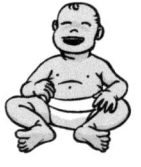

de baby
mtoto

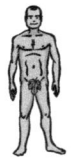

de man
mwanamume

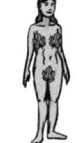

de vrouw
mwanamke

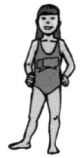

het meisje
msichana

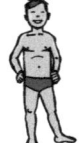

de jongen
mvulana

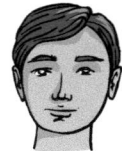

het hoofd
kichwa

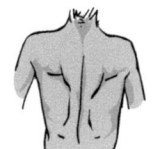

de rug

nyuma

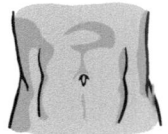

de buik

tumbo

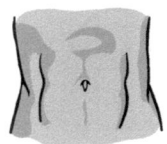

de navel

kitovu

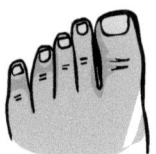

de teen

chano

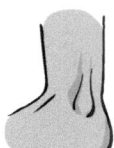

de hiel

kisigino

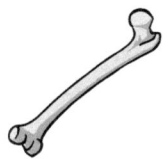

het bot

mfupa

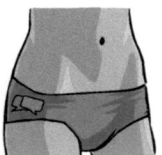

de heup

nyonga

de knie

goti

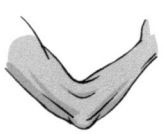

de elleboog

kiwiko

de neus

pua

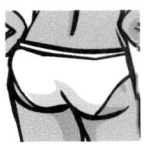

het achterwerk

chini

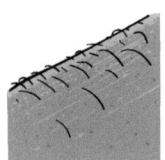

de huid

ngozi

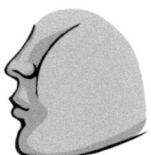

de wang

shavu

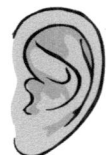

het oor

sikio

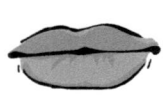

de lippen

mdomo

de mond

kinywa

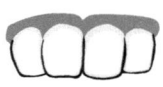

de tand

jino

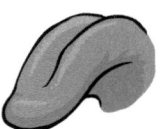

de tong

ulimi

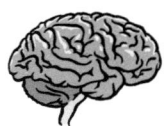

de hersenen

ubongo

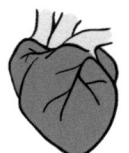

het hart

moyo

de spier

misuli

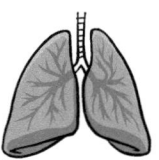

de long

pafu

de lever

ini

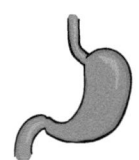

de maag

tumbo

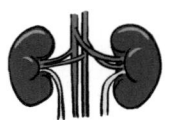

de nieren

figo

de geslachtsgemeenschap

jinsia

het condoom

kondomu

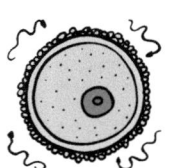

de eicel

ovari

het sperma

shahawa

de zwangerschap

mimba

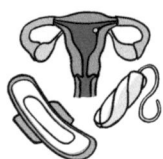

de menstruatie

hedhi

de vagina

uke

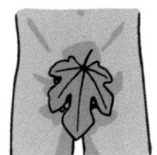

de penis

uume

de wenkbrauw

unyusi

het haar

nywele

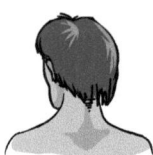

de hals

shingo

het ziekenhuis
hospitali

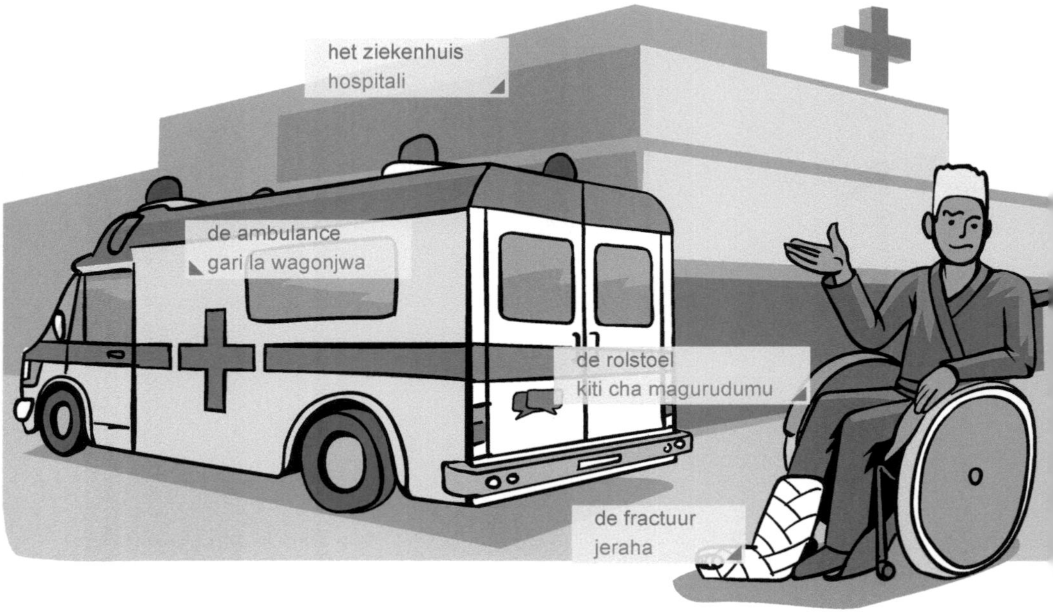

het ziekenhuis
hospitali
de ambulance
gari la wagonjwa
de rolstoel
kiti cha magurudumu
de fractuur
jeraha

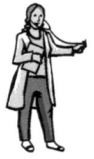

de dokter

daktari

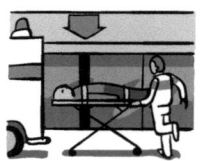

de EHBO

chumba cha dharura

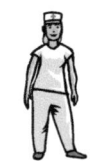

de verpleegster

muuguzi

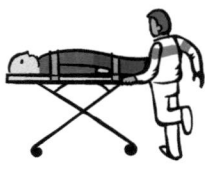

het noodgeval

dharura

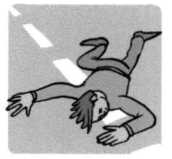

bewusteloos

kupoteza fahamu

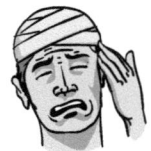

de pijn

maumivu

de verwonding

kuumia

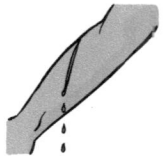

de bloeding

kutokwa na damu

de hartaanval

mshtuko wa moyo

de beroerte

kiharusi

de allergie

mzio

de hoest

kikohozi

de koorts

homa

de griep

mafua

de diarree

kuharisha

de hoofdpijn

maumivu ya kichwa

de kanker

kansa

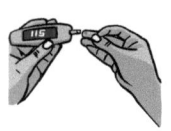

de diabetes

ugonjwa wa kisukari

de chirurg

daktari mpasuaji

het scalpel

kisu kidogo cha kupasulia

de operatie

operesheni

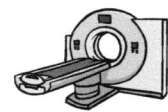

de CT

picha changanufu ya mwili

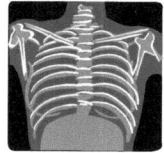

de röntgen

Eksrei

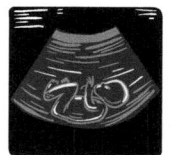

de echografie

mawimbi sauti

het gezichtsmasker

barakoa ya uso

de ziekte

ugonjwa

de wachtkamer

chumba cha kusubiri

de kruk

mkongojo

de pleister

plasta

het verband

bendeji

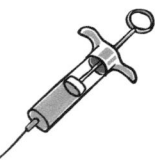

de injectie

sindano

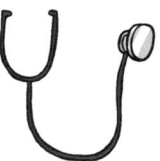

de stethoscoop

stetoskopu

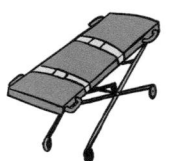

de brancard

machela

de thermometer

kipimajoto cha kliniki

de geboorte

kuzaliwa

het overgewicht

unene kupita kiasi

het gehoorapparaat

kusikia misaada

het ontsmettingsmiddel

kipukusi

de infectie

maambukizi

het virus

virusi

(de) HIV / AIDS

VVU / UKIMWI

het medicijn

dawa

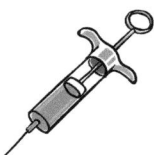

de inenting

chanjo

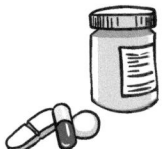

de tabletten

vidonge

de pil

kidonge

het alarmnummer

simu ya dharura

de bloeddrukmeter

haemodainamometa

ziek / gezond

mgonjwa / mwenye afya

Help!

Msaada!

het alarm

kengele

de overval

pigo

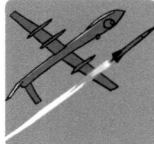

de aanval

shambulizi

het gevaar

hatari

de nooduitgang

lango la dharura

Brand!

Moto!

de brandblusser

kizima moto

het ongeluk

ajali

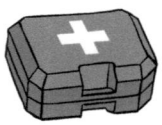

de EHBO-koffer

vifaa vya huduma ya kwanza

SOS

wito wa msaada

de politie

polisi

Europa

Ulaya

Noord-Amerika

Amerika ya Kaskazini

Zuid-Amerika

Amerika ya Kusini

Afrika

Afrika

Azië

Asia

Australië

Australia

de Atlantische Oceaan

Atlantiki

de Stille Oceaan

Pasifiki

de Indische Oceaan

Bahari ya Hindi

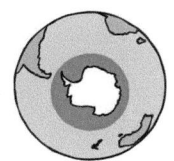

de Zuidelijke Oceaan

Bahari ya Antaktiki

de Noordelijke IJszee

Bahari ya Aktiki

de Noordpool

Ncha ya Kaskazini

de Zuidpool

Ncha ya Kusini

Antarctica

Antaktika

de aarde

dunia

het land

nchi

de zee

bahari

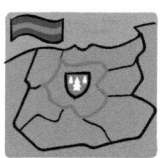

het eiland

kisiwa

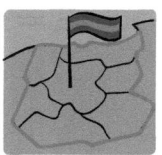

de natie

taifa

de staat

jimbo

de wijzerplaat

uso wa saa

de uurwijzer

akrabu ya saa

de minutenwijzer

akrabu ya dakika

de secondewijzer

akrabu ya sekunde

Hoe laat is het?

Ni saa ngapi?

de dag

siku

de tijd

wakati

nu

sasa

het digitaal horloge

saa ya dijitali

de minuut

dakika

het uur

saa

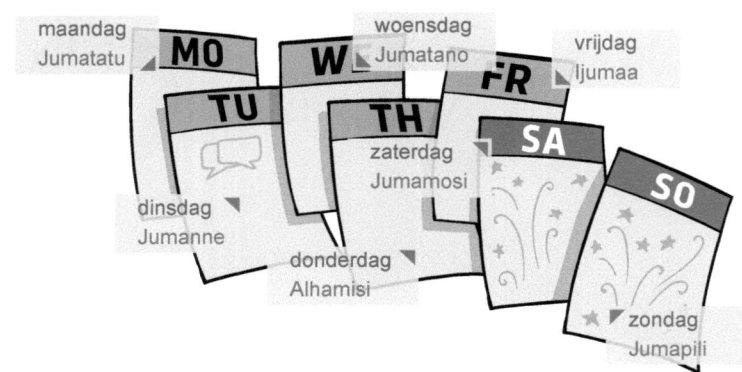

gisteren

jana

vandaag

leo

morgen

kesho

de ochtend

asubuhi

de middag

saa sita mchana

de avond

jioni

de werkdagen

siku za biashara

het weekend

mwishoni mwa wiki

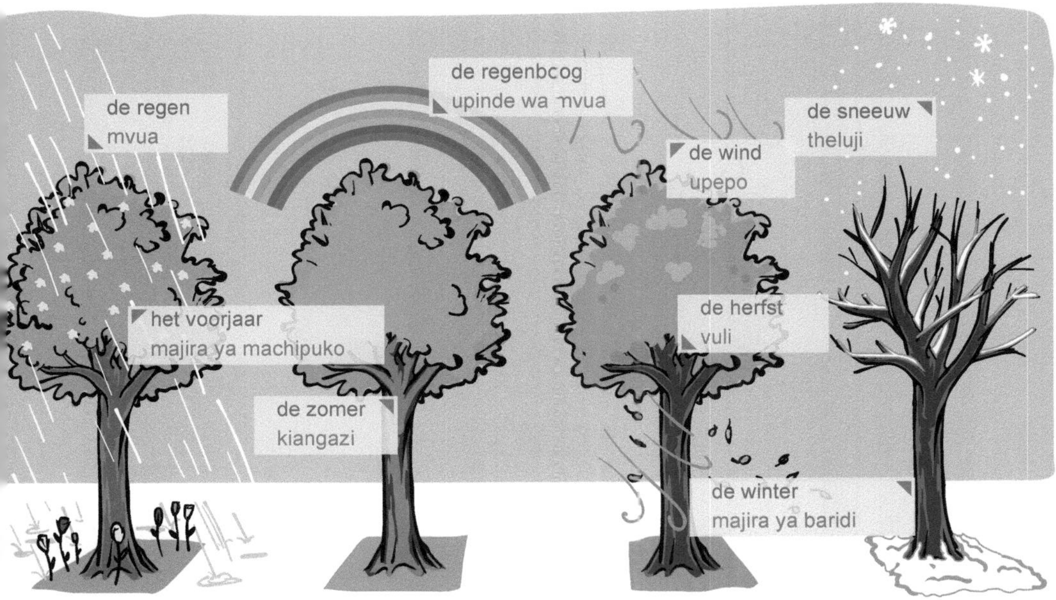

de regen
mvua

de regenbcog
upinde wa mvua

de sneeuw
theluji

de wind
upepo

het voorjaar
majira ya machipuko

de herfst
vuli

de zomer
kiangazi

de winter
majira ya baridi

4.APRIL	11°	☀
5.APRIL	4°	☁
6.APRIL	13°	☁
7.APRIL	8°	☀
8.APRIL	10°	☀

het weerbericht

utabiri wa hali ya hewa

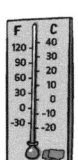

de thermometer

kipimajoto

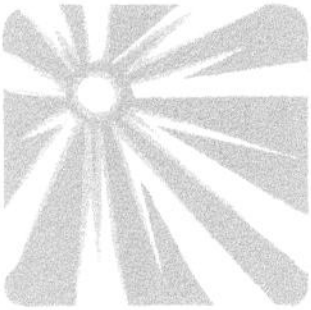

de zonneschijn

mwanga wa jua

de wolk

wingu

de mist

ukungu

de luchtvochtigheid

unyevu

de bliksem

umeme

de donder

radi

de storm

dhoruba

de hagel

mvua ya mawe

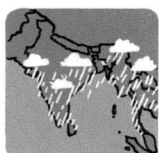

de moesson

monsuni

de overstroming

mafuriko

het ijs

barafu

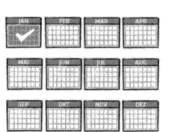

januari

Januari

februari

Februari

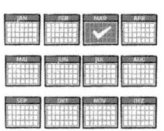

maart

Machi

april

Aprili

mei

Mei

juni

Juni

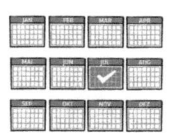

juli

Julai

augustus

Agosti

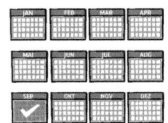

september
Septemba

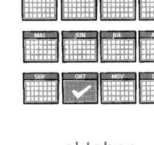

oktober
Oktoba

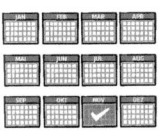

november
Novemba

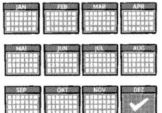

december
Desemba

de vormen
maumbo

de cirkel
mduara

het vierkant
mraba

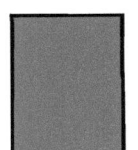

de rechthoek
mstatili

de driehoek
pembetatu

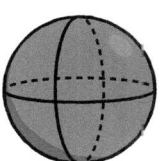

de bol
nyanja

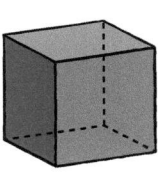

de kubus
mchemraba

wit

nyeupe

geel

manjano

oranje

chungwa

roze

rangi ya waridi

rood

nyekundu

paars

hudhurungi

blauw

bluu

groen

kijani

bruin

hanja

grijs

jivujivu

zwart

nyeusi

veel / weinig

mengi / kidogo

boos / rustig

hasira / pole

mooi / lelijk

nzuri / mbaya

begin / einde

mwanzo / mwisho

groot / klein

kubwa / ndogo

licht / donker

angavu / giza

broer / zus

kaka / dada

schoon / vies

safi / chafu

volledig / onvolledig

kamilika / tokamilika

dag/ nacht

siku / usiku

dood / levend

wafu / hai

breed / smal

pana / nyembamba

eetbaar / oneetbaar

kulika / kutolika

gemeen / aardig

ovu / ema

opgewonden / verveeld

sisimkwa / udhika

dik / dun

nene / nyembamba

eerste / laatste

kwanza / mwisho

vriend / vijand

rafiki / adui

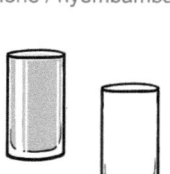

vol / leeg

jaa / tupu

hard / zacht

ngumu / laini

zwaar / licht

nzito / nyepesi

honger / dorst

njaa / kiu

ziek / gezond

mgonjwa / mwenye afya

illegaal / legaal

haramu / kisheria

intelligent / dom

akili / kijinga

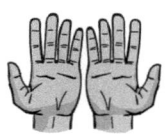

links / rechts

kushoto / kulia

dichtbij / ver

karibu / mbali

nieuw / gebruikt

mpya / kutumika

niets / iets

kitu / jambo

oud / jong

zee / changa

aan / uit

waka / zima

open / gesloter

wazi / fungwa

zacht / luid

utulivu / kelele

rijk / arm

tajiri / masikini

goed / fout

sahihi / kosa

ruw / glad

mbaya / laini

verdrietig / gelukkig

huzunika / furahia

kort / lang

fupi /ndefu

langzaam / snel

polepole / haraka

nat / droog

nyevu / kavu

warm / koel

joto / baridi

oorlog / vrede

vita / amani

0

nul

sufuri

1

één

moja

2

twee

mbili

3

drie

tatu

4

vier

nne

5

vijf

tano

6

zes

sita

7

zeven

saba

8

acht

nane

9

negen

tisa

10

tien

kumi

11

elf

kumi na moja

12

twaalf

kumi na mbili

13

dertien

kumi na tatu

14

veertien

kumi na nne

15

vijftien

kumi na tano

16

zestien

kumi na sita

17

zeventien

kumi na saba

18

achttien

kumi na nane

19

negentien

kumi na tisa

20

twintig

ishirini

100

honderd

mia

1.000

duizend

elfu

1.000.000

miljoen

milioni

Engels

Kiingereza

Amerikaans Engels

Kiingereza cha Marekani

Chinees Mandarijn

Kimandarini cha Uchina

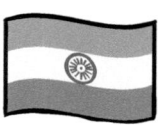

Hindi

Kihindi

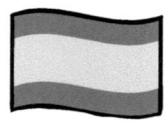

Spaans

Kihispania

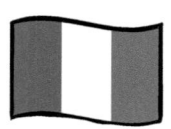

Frans

Kifaransa

Arabisch

Kiarabu

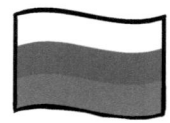

Russisch

Kirusi

Portugees

Kireno

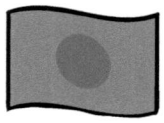

Bengalees

Kibengali

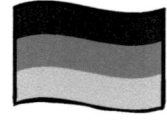

Duits

Kijerumani

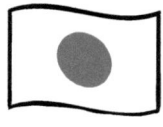

Japans

Kijapani

ik
mimi

jij
wewe

hij / zij / het
yeye / yeye / ni

wij
sisi

jullie
wewe

zij
wao

wie?
nani?

wat?
nini?

hoe?
jinsi gani?

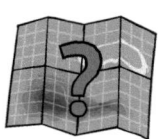

waar?
wapi?

wanneer?
lini?

de naam
jina

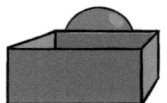

achter

nyuma

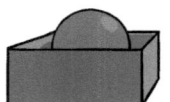

in

katika

voor

mbele ya

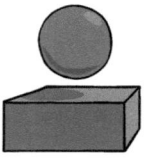

boven

juu ya

op

kwenye

onder

chini ya

naast

kando

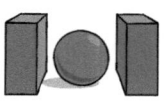

tussen

kati

plaats

mahali